3,50

9788586359088

CB124512

QUEM TEM MEDO DA OBSESSÃO?

Richard Simonetti

QUEM TEM MEDO DA OBSESSÃO?

Capa: Milton Puga
Ilustrações: Celso da Silva

3ª edição - Fevereiro/94
5.000 exemplares
15.001 a 20.000

Edição e Distribuição

Gráfica São João Ltda.

Rua Virgilio Malta, 12-51 - Fone (0142) 23-5333
Fax (0142) 23-5176 Cx. P. 436 - CEP 17015-220
Bauru - SP

Copyright 1993 by
Centro Espírita Amor e Caridade
Bauru (SP)

Abrindo novos horizontes a todas as ciências, o Espiritismo vem, também, esclarecer a questão muito obscura das doenças mentais, assinalando uma causa que, até agora, não era levada em conta; causa real, evidente, provada pela experiência e cuja verdade mais tarde será reconhecida. Mas como levar a admitir-se tal causa pelos que estão sempre dispostos a mandar para o hospício quem quer que tenha a fraqueza de acreditar que temos alma e que esta representa um papel nas funções vitais, sobrevive ao corpo e pode atuar sobre os vivos?

Allan Kardec, em A OBSESSÃO

SUMÁRIO

CONHECIMENTO LIBERTADOR

Houvéssemos de eleger as expressões mais marcantes de Jesus, mereceria destaque a proclamação contida no Evangelho de João (8;32):

"E conhecereis a Verdade e a Verdade vos fará livres".

Enganos e desatinos, vícios e maldades da criatura humana sustentam-se, quase sempre, na ignorância.

O mesmo ocorre em relação aos nossos temores.

Lembro-me de algo marcante, em meus verdes anos.

Passava frequentemente, perto de minha casa, um homem que despertava atenção com o volumoso saco de estopa que trazia às costas.

Barba espessa, cabelos desgrenhados, expressão taciturna, inspirava-me temor que evoluiu para torturante pavor quando, a pretexto de impor-me determinadas disciplinas, familiares afirmaram que o desconhecido carregava crianças desobedientes.

Com o tempo descobri tratar-se de humilde catador de papéis que levava sobre os ombros o produto da coleta.

Então evaporou-se o medo.

☆ ☆ ☆

No livro "Quem Tem Medo da Morte?", procurei destacar como é possível superar angustiantes expectativas sobre o fim da existência física com a compreensão de que a morte é apenas a alfândega da vida espiritual. Não haverá motivo para temores se nossos "documentos" estiverem em ordem, com atestado de boa conduta expedido pela consciência.

Algo semelhante foi feito em "Quem Tem Medo dos Espíritos?", enfocando os seres inteligentes da Criação, em torno dos quais milenária ignorância sustenta superstições e temores, plenamente superáveis pelo conhecimento a respeito de sua natureza.

Completa-se a trilogia neste "Quem Tem Medo da Obsessão?", onde procuramos desmitificar a tão temida influência demoníaca, que as fantasias teológicas vêm sustentando.

Não se trata de um compêndio. É apenas uma cartilha, enfocando o essencial:

Muitos de nossos desajustes e enfermidades estão estreitamente relacionados com influências espirituais. Nada, porém, passível de sustos, desde que nos esclareçamos sobre o assunto, buscando a verdade, dispostos a seguir os caminhos de libertação sinalizados pela Doutrina Espírita.

Bauru, maio de 1993.

A PRESENÇA DA NUVEM

Causa estranheza àqueles que não estão familiarizados com a Doutrina Espírita a questão nº 459 de "O Livro dos Espíritos":

> *"Influem os Espíritos em nossos pensamentos e em nossos atos?"*

> *"Muito mais do que imaginais. Influem a tal ponto, que de ordinário são eles que vos dirigem."*

Viveremos rodeados de tantos Espíritos, dotados de poderes que os habilitam a condicionar nosso comportamento?

Pois é exatamente o que ocorre.

Não se trata de mera especulação.

Muito menos de invencionice.

Sobretudo, **não é novidade**.

Desde as culturas mais remotas vemos gente às voltas com influências espirituais. Disso nos dá conta o folclore de todas as culturas.

A riquíssima mitologia grega, povoada de deuses passionais que convivem com os homens, interferindo frequentemente nos destinos humanos, é exemplo típico.

Os textos evangélicos revelam que Jesus conversava frequentemente com os Espíritos, afastando os chamados impuros de suas vítimas.

- Que temos nós contigo, Jesus Nazareno? Vieste para perder-nos? - esta a reclamação de um perseguidor espiritual antes de ser afastado de sua vítima, conforme relata Lucas (4;31 a 37). E comenta o evangelista:

> *"Todos ficaram grandemente admirados e comentavam entre si, dizendo:*
>
> *"Que palavra é esta, pois com autoridade e poder ordena aos Espíritos imundos e eles saem?"*

Na primitiva comunidade cristã os discípulos de Jesus realizavam idêntico trabalho, de que nos dá conta o capítulo 5º, versículo 16, do livro "Atos dos Apóstolos":

> *"Afluía também muita gente das cidades vizinhas a Jerusalém, levando doentes e atormentados de Espíritos imundos, os quais eram todos curados."*

☆ ☆ ☆

A dúvida quanto a essa influência nasce da errônea concepção de que o mundo espiritual, a morada dos Espíritos, está situado em região distante da Terra e inacessível às cogitações humanas, quando ele é tão somente uma projeção do plano físico. **Começa exatamente onde estamos**.

Assim, permanecem junto de nós aqueles que, libertando-se da carne pelo fenômeno da morte, permanecem presos aos interesses do imediatismo terrestre.

E gravitam em torno dos homens, obedecendo às mais variadas motivações:

Viciados procuram satisfazer o vício.

Vítimas intentam vingar-se de seus algozes.

Usurários defendem o ouro amoedado.

Ambiciosos pretendem sustentar dominação.

Fugitivos da luz trabalham em favor das sombras.

Famintos do sexo vampirizam sexólatras.

Gênios da maldade semeiam confusão.

Alienados da realidade espiritual perturbam familiares.

É toda uma imensa população invisível que nos acompanha e influencia, lembrando a observação do apóstolo Paulo, na Epístola aos Hebreus (12:1), segundo a qual somos rodeados por uma **nuvem de testemunhas**.

Muito mais que simplesmente presenciar nossas ações, transformam-nos, não raro, em instrumentos de seus desejos, manipulando-nos como se fôssemos marionetes.

CUSTÓDIO E O DIABO

Segundo a tradição religiosa, anjos são seres incorpóreos e imateriais, puros Espíritos que atuam como emissários divinos.

Custódio é o simpático anjo guardião, aquele que todo ser humano tem a **custodiá-lo**, oferecendo-lhe amparo e proteção.

Mas há também o **anjo mau**, o diabo, rebelado contra o Criador que, obstinado, intenta nossa perdição. Ver-nos em tormentos eternos seria sua mais gloriosa realização.

Aparentemente este tinhoso é mais arguto e capaz do que seu benevolente irmão. Basta observar como se disseminam facilmente na sociedade terrestre a ambição, a desonestidade, o vício, a mentira, a violência e tantos outros males que fazem a confusão do Mundo.

O tempo desgastou essas idéias.

Elas serviram aos interesses do passado, mas não atendem à racionalidade do presente quando, antes de crer, o Homem cogita de compreender.

Impossível aceitar um Deus de misericórdia infinita, como revela Jesus, que não ofereça infinitas oportunidades de reabilitação para os demônios e suas vítimas.

Como pode o Pai amoroso da expressão evangélica confinar seus filhos em grotesco e irremediável inferno, que contraria a dinâmica evolutiva do Universo?

☆ ☆ ☆

Admitamos que assim seja.

Que existam anjos e demônios a disputarem nossa Alma.

Como se estabelece a comunicação entre eles e nós?

Como assimilamos sua influência?

Forçosamente há um mecanismo distinto da palavra escrita e falada. São seres espirituais agindo sobre indivíduos de carne e osso.

Inútil especular a respeito do assunto, enveredando pelo terreno enganoso da fantasia. Imperioso pesquisar, a partir do elemento visível

- aquele que sofre a influência.

É o que faz a Doutrina Espírita, demonstrando a existência da Mediunidade, o sexto-sentido, que nos permite contatar o Mundo Espiritual, assim como o tato, o paladar, a audição, a visão e o olfato nos colocam em contato com o mundo físico.

☆ ☆ ☆

O Espiritismo vai além.

Submetendo o fenômeno mediúnico a rigorosos métodos de experimentação, o que lhe permite superar crendices, mitos e superstições, demonstra que **anjos e demônios são apenas homens desencarnados**, as Almas dos mortos, agindo de conformidade com suas tendências.

São regidos, entretanto, por leis divinas que mais cedo ou mais tarde nos conduzirão **todos** à perfeição.

Esse o objetivo de Deus que, como ensinava Jesus, não quer perder nenhum de seus filhos.

E não perde **mesmo**.

Se perdesse, não seria o Onipotente.

TORCICOLO MENTAL

A contração dos músculos cervicais impõe dolorida torção ao pescoço. O paciente vê-se na contingência de não mover a cabeça, assumindo postura rígida, divertida para os que a apreciam, mas penosa para ele. Popularmente chama-se torcicolo.

A obsessão é uma espécie de **torcicolo mental**. O indivíduo sente-se dominado por determinados pensamentos ou sentimentos, como se sofresse uma paralisia da vontade que lhe impõe embaraços à apreciação serena e saudável das conjunturas existenciais.

O pensamento emperra num **círculo vicioso**, como um disco com defeito nos sulcos, a repetir indefinidamente pequeno trecho da gravação.

Resumindo: obsessão é **idéia fixa**.

☆ ☆ ☆

Eventualmente passamos todos por **momentos** obsessivos.

A dona de casa que interrompe o passeio, atormentada pela possibilidade de ter deixado o ferro ligado...

O motorista que retorna ao automóvel estacionado para confirmar que acionou o alarme anti-furto...

A mãe noviça que acorda o bebê para verificar se está respirando...

Instala-se a obsessão quando não conseguimos superar nossas preocupações, assumindo um comportamento insólito e compulsivo, como lavar as mãos dezenas de vezes diariamente, a cada contato com objetos ou pessoas.

☆ ☆ ☆

Em "O Livro dos Médiuns", no capítulo XXIII, Allan Kardec usa o mesmo termo para definir a influência espiritual inferior que perturba o intercâmbio com o Além, comprometendo o trabalho mediúnico:

> *"Entre os escolhos que apresenta a prática do Espiritismo, cumpre se*

> *coloque na primeira linha a **obsessão**, isto é, o domínio que alguns Espíritos logram adquirir sobre certas pessoas. Nunca é praticada senão pelos Espíritos inferiores, que procuram dominar. Os bons Espíritos nenhum constrangimento infligem. Aconselham, combatem a influência dos maus e, se não os ouvem, retiram-se. Os maus, ao contrário, se agarram àqueles de quem podem fazer suas presas. Se chegam a dominar algum, identificam-se com o Espírito deste e o conduzem como se fora verdadeira criança."*

Espiritismo não é sinônimo de manifestação mediúnica, embora o intercâmbio com o além esteja inserido na atividade espírita. Prática espírita, portanto, seria o empenho por aplicar e vivenciar a orientação doutrinária, não apenas nas reuniões mediúnicas, mas onde estivermos, no desdobramento de nossas iniciativas.

Assim, o termo obsessão tem uma extensão mais abrangente, já que em qualquer lugar ou atividade podemos ser envolvidos por influências espirituais desajustantes.

Kardec deixa isso bem claro, ao destacar no referido capítulo as motivações dos obsessores:

"As causas da obsessão variam, de acordo com o caráter do Espírito. É, às vezes, uma vingança que este toma de um invidíduo de quem guarda queixas do tempo de outra existência. Muitas vezes, também, não há mais do que o desejo de fazer mal; o Espírito, como sofre, entende de fazer que os outros sofram; encontra uma espécie de gozo em os atormentar, em os vexar, e a impaciência que por isso a vítima demonstra mais o exacerba, porque esse é o objetivo que colima, ao passo que a paciência o leva a cansar-se. Com o irritar-se, o mostrar-se despeitado, o perseguido faz exatamente o que quer o seu perseguidor. Esses Espíritos agem, não raro, por ódio e inveja do bem; daí o lançarem suas vistas malfazejas sobre as pessoas mais honestas. (...)".

Como ponto de partida para uma abordagem em torno do assunto é oportuno, indispensável mesmo, evocar novamente o Codificador, na mesma fonte:

"A obsessão apresenta caracteres diversos, que é preciso distinguir

e que resultam do grau de constrangimento e da natureza dos efeitos que produz. A palavra ***obsessão*** *é, de certo modo, um termo genérico, pelo qual se designa esta espécie de fenômeno, cujas principais variedades são:* ***a obsessão simples, a fascinação e a subjugação****."*

A partir dessa definição, convidamos o leitor a nos acompanhar nesta excursão em torno daquele que é um dos mais graves e subestimados problemas da existência terrestre: o domínio que os Espíritos inferiores exercem sobre as criaturas humanas.

MUITO SIMPLES

Parece-nos que Kardec emprega a expressão **simples**, ao enunciar o primeiro tipo de obsessão, para situá-lo como algo **comum**, **frequente**, a que poucas pessoas se furtam, como ocorre com determinadas indisposições orgânicas.

Quanto às suas consequências, distanciam-se da **simplicidade**, assumindo, não raro, proporções devastadoras.

☆ ☆ ☆

Podemos usar aquele adjetivo também para caracterizar a estratégia dos obsessores.

Eles **simplesmente** incursionam na mente

da vítima, pelos condutos da mediunidade, sugerindo pensamentos que visam acentuar suas preocupações, fobias, dúvidas, temores...

Resultado: uma extrema excitação que desajusta os centros nervosos. Isso não só lhe ameaça a estabilidade física e psíquica como a leva a adotar uma conduta irregular, ridícula, desarrazoada.

Como conseguem realizar semelhante proeza os assaltantes do além?

É **simples**:

Apenas exploram as deficiências morais da vítima, a fim de submetê-la à tensão e precipitá-la no desajuste.

Quanto mais longe conseguirem levar esse processo, mais amplo será o seu domínio.

Quanto mais o obsidiado render-se às suas sugestões, mais enleado estará.

☆ ☆ ☆

Aproximando-se de um comerciante o obsessor infiltra-se em sua mente com dúvidas assim:

"Fechou a porta do estabelecimento?"

"O movimento do dia foi devidamente trancado no cofre?"

"Desligou a luz?"

"Verificou as janelas?"

Rendendo-se às primeiras sugestões, que

logo serão seguidas de outras, infindavelmente, o comerciante breve estará repetindo intermináveis cuidados e verificações.

Conduta irregular, absurda - ele sabe disso -, mas não consegue evitar, porquanto está sendo explorada sua grande fixação: o apego aos bens materiais.

Se os interesses do comerciante fossem menos comprometidos com a avareza; se suas motivações girassem em torno de temas mais edificantes, aquelas idéias jamais seriam assimiladas. Não haveria nem sintonia nem receptividade para elas.

Importante destacar que o obsessor somente consegue semear a obsessão no campo fértil formado pelo objeto de nossas cogitações, de nossos desejos, quando exacerbados.

Por isso, a obsessão **simples** começa geralmente como **simples** auto-obsessão.

Empolgamo-nos com idéias infelizes e acabamos envolvidos com perseguidores invisíveis que acentuam nossa infelicidade.

INDESEJÁVEL CASAMENTO

Eu retornara de um ciclo de palestras.

Chegara tarde. Dormira pouco. Não obstante, levantara bem disposto. Fizera a habitual caminhada e desenvolvera minhas atividades diárias, com excelente disposição.

À tarde um amigo comentou:

-Você está com fisionomia abatida. Parece cansado. Algum problema?

Resposta negativa.

-É apenas impressão. Estou ótimo.

Estava.

A partir dali meu ânimo murchou.

Em casa, diante do espelho, vi-me com olheiras, fadiga tomando conta.

À noite o corpo pedia cama. Foi com muito esforço que compareci às tarefas habituais no Centro, lutando contra renitente indisposição.

☆ ☆ ☆

Incrível!

Simples observação inspirada na amizade, sem nenhuma intenção maldosa, evidenciando até preocupação com minha saúde, gerou a indesejável situação.

O episódio demonstra como a natureza humana é sugestionável. Raros possuem raízes de estabilidade emocional dentro de si mesmos. Nossos estados de ânimo flutuam ao sabor das influências que recebemos. Há até um princípio, em Psicologia, segundo o qual as pessoas tendem a se comportar da maneira como as vemos.

☆ ☆ ☆

Imaginemos a sutilização dessa influência.

Não mais visível.

Algo que parece nascer dentro de nós mesmos. Voz interior, insistente, insidiosa, que se mistura aos nossos pensamentos, a alimentar temores e dúvidas relacionados com nosso bem-estar...

Temos aí uma das opções preferidas dos perseguidores espirituais, quando se dispõem a explorar, na obsessão simples, personalidades hipocondríacas.

☆ ☆ ☆

O paciente reclama:

-Doutor, meu problema é complicado. Nem sei por onde começar. Sinto-me um compêndio de patologia, tantos são os males que me afligem!... Pior é a facilidade para assimilar sintomas. Horroriza-me o contato com doentes. Logo começo a sentir algo de seus padecimentos. Jamais vou a velório. Saio com a sensação de que tenho a enfermidade que vitimou o defunto. Há duas semanas um amigo foi acometido por fulminante enfarte. Desde então experimento doloroso peso no peito, vendo-me na iminência de um colapso cardíaco!...

Esse é o tipo hipocondríaco, alguém excessivamente preocupado com a própria saúde, vítima fácil das sugestões das sombras.

Assim como o fazem com os indivíduos empolgados pela usura e a ambição, os obsessores exacerbam suas inquietações.

Se o vêem conversando com um tuberculoso, atacam:

"Cuidado! Os bacilos da tuberculose propagam-se facilmente. Você lhe deu a mão ao cumprimentá-lo. Vá lavá-la imediatamente. Desinfete-a."

Se após alguns dias a vítima sente ligeira

fadiga, fruto de indisposição passageira, ou leve pontada nas costas, nascida de um golpe de ar, voltam à carga:

"Cuidado! Sua saúde está debilitada! É preciso procurar um médico! Submeter-se à radiografia dos pulmões!..."

Eis o obsidiado inteiramente apavorado. Equivale dizer: inteiramente dominado pelos obsessores.

Uma das consequências desse tipo de influência é o aparecimento de males físicos variados, resultantes de suas tensões e temores.

"Namorando" a doença, o obsidiado acaba "casando-se" com ela.

O obsessor é o "oficiante".

A INFLUÊNCIA MAIOR

No livro "Libertação", psicografia de Francisco Cândido Xavier, o Espírito André Luiz reporta-se à experiência de uma senhora perseguida por dois obsessores que tinham duplo propósito:

Comprometer sua tarefa como médium e conturbar o trabalho de seu marido, dedicado dirigente espírita.

Exploravam-lhe as vacilações, incutindo-lhe a convicção de que as manifestações que transmitia eram fruto de sua própria mente.

Ao mesmo tempo atiçavam nela tendências ao ciúme, sugerindo que o marido usava sua posição para seduzir mulheres.

Eles entravam em contato com ela durante as horas de sono, quando as criaturas humanas experimentam o que Allan Kardec define como "emancipação da Alma".

Enquanto nosso corpo dorme, transitamos pelo Além, em contato com Espíritos que guardam afinidade conosco.

O marido, homem disciplinado e esclarecido, amigo das virtudes evangélicas, afasta-se do veículo físico e desenvolve atividades de aprendizado e trabalho, junto de benfeitores espirituais.

A esposa, imatura, frágil em suas convicções e dominada por impulsos exclusivistas, é presa fácil das sombras. Os obsessores conversam com ela, confundindo-a em relação ao seus compromissos mediúnicos e à fidelidade do marido.

Ao despertar, aquelas "orientações" repercutem em seu psiquismo, inspirando-lhe desânimo e indignação.

André Luiz presencia uma dessas sessões de aliciamento para a perturbação e registra o deplorável estado da médium ao despertar.

"Oh! Como sou infeliz! - bradou, angustiada - estou sozinha, sozinha!"

O marido, inspirado por benfeitor espiritual, tem imenso trabalho para pacificá-la.

☆ ☆ ☆

Esse episódio oferece-nos uma visão mais ampla do "modus faciendi", a maneira de agir dos obsessores.

Geralmente imaginamos esses amigos da desordem colados às vítimas. Quais inarredáveis mastins a lhes morderem os calcanhares, exacerbam suas dúvidas, exploram suas mazelas, com o propósito de aprisioná-las na perturbação.

Não é bem assim.

A influência maior ocorre durante o sono.

Sem a proteção da armadura de carne que inibe as percepções espirituais das criaturas humanas, os obsessores conversam à vontade com elas.

Apresentando-se, não raro, como "amigos" e "protetores", conquistam sua confiança. Como se programassem sua mente, incutem-lhes idéias infelizes que martelarão seu cérebro durante a vigília, emergindo na forma de dúvidas, temores, angústias, impulsos desajustados e depressão.

☆ ☆ ☆

Seria equívoco situar as horas de sono como páginas em branco na existência humana.

São páginas escritas com tinta invisível, tão importantes quanto aquelas que escrevemos na vigília, com insuspeitada e ampla influência sobre nossos estados de ânimo, nossas idéias e sentimentos.

Imperioso, portanto, que não durmamos espiritualmente, enquanto acordados fisicamente.

Proclama a sabedoria popular:

"Dize-me com quem andas e te direi quem és."

Algo semelhante podemos dizer em relação ao trânsito no Além durante as horas de sono:

Dize-me como és e te direi com quem andas.

HEMORRAGIA ESPIRITUAL

Sentia fraqueza. Mais que isso, lassidão. Dores nas pernas, inapetência... Vontade irresistível de amontoar-se num canto, descansar...

Foi ao médico.

O exame de sangue revelou a causa: anemia.

Outros testes identificaram a origem: imperceptível e persistente hemorragia intestinal, produzida por ulceração indolor.

Por ali derramava-se sua vitalidade.

☆ ☆ ☆

Algo semelhante ocorre com a vítima da

obsessão simples.

Assimilando as sugestões do obsessor relacionadas com a saúde, os negócios, os sentimentos ou envolvendo problemas existenciais, o obsidiado passa agir sob forte tensão, perdendo energias como se sofresse uma insidiosa **hemorragia espiritual**.

Por outro lado, há Espíritos presos às impressões da vida material que literalmente sugam as energias de suas vítimas com o propósito de se revitalizarem, lembrando a fantasia do vampiro bebedor de sangue popularizada pelo cinema.

Resultado:

Esgotamento nervoso, caracterizado por palpitações, angústia, dificuldade de concentração, desânimo. O obsidiado experimenta a sensação de carregar sobre os ombros os males do Mundo.

Alguém informa:

-É encosto! Procure o Centro Espírita.

Definição equivocada. O obsessor não está "encostado" em sua vítima. Apenas pressiona seu psiquismo pelo pensamento, explorando-lhe as mazelas.

Orientação correta. No Centro Espírita há amplos recursos que podem ser mobilizados em favor do obsidiado.

☆ ☆ ☆

A obsessão simples origina-se, não raro, na influência exercida por Espíritos que não intentam prejudicar. Perplexos no Além, recém-chegados das lides humanas, agarram-se às pessoas com as quais tenham afinidade, particularmente familiares, impondo-lhes o reflexo de seus desajustes.

Sustentam, assim, o que poderíamos denominar "obsessão pacífica".

Acompanhando o "encostado" são beneficiados no Centro Espírita, onde ouvem preleções nas reuniões públicas ou são encaminhados às reuniões mediúnicas que funcionam à maneira de prontos-socorros, desfazendo-se a ligação.

Por essa razão ouvimos frequentemente comentários assim:

-Eu me sentia péssimo quando fui ao Centro. Idéias infelizes, horrível sensação de opressão. Agora estou muito bem. Foi como se tirassem com a mão...

PSICANÁLISE

Reclinado em confortável poltrona, o paciente fala longamente de sua vida pregressa, particularmente da infância e da adolescência.

O médico anota aquela enxurrada de informações. À maneira de perspicaz detetive, procura identificar a origem dos males que o afligem.

Seriam recalques infantis? Frustrações da libido? Acidentes psicológicos? Traumas?...

Todas as possibilidades são analisadas exaustivamente pelo profissional, garimpando aquelas lembranças em busca da chave libertadora.

Descoberta a causa do mal ele começaria a ser removido.

Temos aqui uma imagem clássica da psicanálise, segundo a teoria proposta por Sigmund Freud, seu genial criador.

☆ ☆ ☆

Curiosamente, a vítima da obsessão simples pode encontrar a cura de seus padecimentos submetendo-se à terapia freudiana.

Uma negação dos princípios espíritas?

Ocorre exatamente o contrário.

O sucesso da psicanálise apenas **confirma** o Espiritismo.

A explicação é simples:

Iniciada a análise, estabelece-se uma disputa entre o médico e o obsessor.

O médico, usando a palavra articulada, procura induzir o paciente a reagir aos seus temores e angústias, conquistando a estabilidade emocional.

O obsessor, pelos condutos do pensamento, trata de sugestioná-lo para que permaneça no desequilíbrio.

Se o psicanalista possuir um poder de persuasão mais avantajado provavelmente prevalecerá sua iniciativa, favorecendo a recuperação do paciente.

☆ ☆ ☆

Não obstante, a experiência tem demonstrado que os sucessos da psicanálise, envolvendo a obsessão simples, são precários.

Tão logo é suspenso o tratamento o obsessor volta a envolver o obsidiado, explorando-lhe as fraquezas e precipitando-o em novas crises.

Muita conversa e dinheiro desperdiçados porque o psicanalista, geralmente orientado por concepções materialistas, tem os olhos cerrados à realidade espiritual.

Conheci um especialista que, embora não fosse espírita, tinha plena consciência da precariedade da psicanálise diante da obsessão simples.

Sentindo-a presente, recomendava ao paciente associasse as sessões de análise às reuniões espíritas. E dizia:

-Tome passes, meu filho. Ajuda no tratamento.

Raro exemplar de um douto que reconhecia suas limitações.

trado que os sucessos da psicanálise, envolvendo a obsessão simples, são pequenos.

Tão logo se suspende o tratamento, o obsessor volta a envolver o obsidiado, explorando-lhe as fraquezas e afundando-o em novas crises.

Muita conversa e dinheiro desperdiçados porque, a psicanálise, geralmente orientada por concepções materialistas, tem os olhos fechados à realidade espiritual.

Conheci um espiritualista que, embora não fosse espírita, tinha plena consciência da precariedade da psicanálise diante da obsessão simples.

Sentindo a presença, recomendava ao paciente assistisse às sessões de análise e às reuniões espíritas. E dizia:

– Tome passes também. Ajuda no tratamento.

Raro exemplar de um doutor que reconhecia suas limitações.

TERAPIA MOSAICA

Situar a Medicina como abençoado instrumento em favor da saúde humana é, como ressaltaria Nelson Rodrigues, o controvertido dramaturgo brasileiro, o "óbvio ululante".

A grande dificuldade é que os médicos, com raras exceções, vinculam-se ao materialismo. Mostram-se, por isso, incapazes de diagnósticos, prognósticos e terapias mais acertadas. Ignoram que muitos males dos pacientes têm origem espiritual, relacionando-se com desajustes de vidas passadas e pressões obsessivas da vida presente.

Segundo a ótica sarcástica de Voltaire, "receitam remédios de que sabem pouco para doenças de que sabem ainda menos, a pessoas de quem não sabem nada."

☆ ☆ ☆

Principalmente no campo psíquico multiplicam-se escolas psicológicas e psicanalíticas, lideradas por profissionais respeitáveis que teorizam a partir de especulações.

Falta-lhes uma visão abrangente do universo interior do ser humano, com suas experiências milenárias, eivadas, não raro, de desastrosos comprometimentos com o vício e a rebeldia, a agressividade e o crime.

Divagavam os cientistas quando cogitavam das razões pelas quais os objetos caem quando perdem a sustentação, até que Newton enunciou a Lei da Gravitação Universal.

Divagam os médicos quando tentam definir por que as pessoas "caem" nos abismos das doenças mentais, por desconhecerem leis enunciadas por Allan Kardec, como Causa e Efeito, Reencarnação, Sintonia Mediúnica, que disciplinam nossa evolução.

☆ ☆ ☆

O mais lamentável é que cada terapeuta tende a interpretar "à moda da casa", pela ótica de suas limitações e desajustes, determinados princípios da escola a que se filiam, com orientação duvidosa e comprometedora.

Um paciente submeteu-se durante alguns meses a sessões semanais de análise. O psicoterapeuta enfatizava:

Emoção reprimida produz doença. É preciso "explodir" para fora para não "implodir" por dentro. Se o ofenderem, responda na mesma moeda. Grite com quem erga a voz. Não leve desaforo para casa, nem se curve jamais aos deseducados.

A título de ilustração vou contar-lhe uma experiência de caráter pessoal.

Certa feita encomendei móveis a um fabricante. Paguei uma entrada de vinte por cento. Havia prazo para a entrega. Não foi cumprido. Atraso de mais de três meses. Desisti da compra e pedi a devolução do dinheiro.

O fabricante recusou e queria reajustar o preço. Discutimos. Quase nos atracamos.

Contive-me, prometendo a mim mesmo que ele pagaria pelo prejuízo.

Na manhã seguinte passei pela fábrica. Na frente havia um "show room" com ampla vitrina.

Perguntei à jovem atendente:

-O patrão está?

-Não senhor.

-Não tem ninguém?

-Só eu.

Era o que eu esperava. Aproximei-me e com a ponta do guarda-chuva apliquei violenta pancada na vitrina, que se fez em pedaços.

-Diga ao patrão que estive aqui. Acabo de cobrar parte de sua dívida.

Passadas algumas semanas, voltei.

Recebeu-me a mesma funcionária. Estava apavorada.

-Calma, menina. Só quero acertar um negócio com seu patrão.

-Ele não está.

-Ótimo!

Repeti a "operação". A vitrina desabou.

-Diga àquele safado que o resto da dívida foi cobrado...

Incrível!

Uma "psicanálise mosaica": olho por olho, dente por dente...

Muita gente faz estágios indesejados nas prisões por resolver assim suas pendências.

☆ ☆ ☆

Há um grande passo a ser dado pelas ciências psicológicas, sem o que jamais ultrapassarão estreitos limites, enveredando, não raro, por tortuosos caminhos.

Trata-se de reconhecer a existência de uma personalidade imortal, o Espírito, em jornada de progresso através de múltiplas existências na carne, em gigantesca batalha contra suas próprias imperfeições.

Essa realidade está admiravelmente sintetizada na máxima atribuída a Allan Kardec:

> *"Nascer, viver, morrer, renascer ainda e progredir sempre. Esta é a Lei."*

Prodígios serão realizados em favor da saúde humana quando a comunidade médica descobrir o Espírito.

INDESEJÁVEL LOCATÁRIO

Na obsessão simples o obsidiado permanece no pleno uso de suas faculdades mentais, conservando o discernimento.

Reconhece que sua conduta é irregular, não raro ridícula, como lavar repetidamente as mãos ou verificar à exaustão se trancou a porta ou desligou um aparelho elétrico.

A fascinação é mais envolvente.

Desenvolvida por hábeis obsessores, estes não se limitam ao bombardeio de idéias infelizes.

Atuando com sutileza e inteligência, tratam de convencer o obsidiado das fantasias que lhe sugerem.

É como se lhe colocassem óculos com lentes desajustadas, confundindo-lhe a visão.

Isso estabelece uma diferença fundamental entre os dois tipos de envolvimento:

Na obsessão simples o obsidiado sabe que está errado nos absurdos em que incorre.

Na fascinação ele não tem nehuma dúvida de que está absolutamente certo.

☆ ☆ ☆

Uma comparação com a terminologia médica:

A vítima da obsessão simples situa-se numa neurose.

Neurótico é aquele cidadão dominado por insuperáveis preocupações.

Sabe que dois mais dois fazem quatro.

No entanto, debruça-se sobre a possibilidade de não ser esse o resultado.

-E se for cinco?

Perderá muito tempo nessa "transcendente" questão.

Psicótico é aquele indivíduo que não guarda nenhuma dúvida quanto ao resultado daquela operação:

-Dois mais dois fazem cinco!

Afastou-se da realidade.

Desligou o desconfiômetro.

☆ ☆ ☆

Diz Jerome Lawrence, dramaturgo norte-americano:

O neurótico constrói um castelo no ar.
O psicótico mora nele.

E acentua, mordaz, referindo-se às sessões terapêuticas:

O psiquiatra cobra o aluguel.

Nas duas formas de envolvimento espiritual o obsessor situa-se como funesto locatário de nossa casa mental. Paga-nos indesejável aluguel de inquietações e desajustes.

FASCINAÇÃO AMOROSA

Só pensava nela.

Cérebro em circuito fechado.

A jovem namorada, de estonteante beleza, ocupava-lhe todos os espaços mentais.

Última lembrança ao dormir.

A primeira, ao despertar.

Levantava-se com ela, passava o dia pensando nela, por ela suspirava...

Em seus devaneios imaginava-se a retê-la em seus braços, aspirando seu perfume, cobrindo-a de carícias, fundindo-se ambos em ardentes abraços.

Às vezes desligava-se.

Eram momentos fugidios, como breves intervalos separando músicas num disco.

Logo recuperava-lhe a imagem, assustado como quem houvesse sofrido a perda da respiração por momentos.

Contava os dias e as horas que os separavam.

A seu lado pedia a Deus que parasse o relógio do tempo, a fim de que pudesse desfrutar indefinidamente a ventura de sua presença.

Sempre acontecia o inverso:

Juntos, as horas ganhavam asas.

Separados, fluíam com a lentidão das tartarugas.

☆ ☆ ☆

Com incontáveis variações, encontramos na literatura universal envolvimentos passionais semelhantes.

Um paraíso, quando tudo corre bem.

Um inferno, se surgem problemas.

Semelhantes experiências situam-se nos domínios da fascinação quando, a partir da atração física, instala-se o desejo irrefreável de comunhão carnal, em paroxismos passionais.

George Bernard Shaw, teatrólogo inglês, dizia, referindo-se ao casamento, que um dos paradoxos da sociedade humana é que pessoas apaixonadas são obrigadas a jurar que continuarão naquele estado excitado, anormal e tresloucado até que a morte as separe.

Muitas uniões efêmeras ocorrem a partir de envolvimentos passionais, principalmente entre jovens, empolgados por recíproca fascinação, quando se rendem ao domínio dos hormônios.

Justamente por inspirar-se nos instintos, a fascinação amorosa é a mais frequente, responsável por casamentos precipitados, adultérios, separações, crimes e tragédias sem fim.

Proclama a sabedoria popular que a paixão é cega, o que exprime uma realidade. Paixão e bom senso raramente seguem juntos.

Por isso os Espíritos obsessores estimam envolver as pessoas passionais, torturando-as com anseios amorosos irrealizáveis ou usando-as para exercer sua ação nefasta, criando estranhas e perigosas situações.

TERRENO FÉRTIL

Quando obsessores de atilada inteligência pretendem afastar líderes religiosos de suas tarefas, nunca descartam a fascinação afetiva, explorando suas tendências.

No meio espírita vemos respeitáveis chefes de família, com responsabilidade na direção de instituições, envolvendo-se em perturbadoras experiências passionais patrocinadas por agentes das sombras.

Desertam de compromissos conjugais e espirituais julgando atender ao glorioso chamamento do amor, ao lado de “almas gêmeas”. Aprendem à custa de penosas frustrações que o amor legítimo jamais comete o desatino de sobrepor-se ao dever.

☆ ☆ ☆

Quando não encontram receptividade naqueles que pretendem transviar, os obsessores impõem-lhes embaraços envolvendo gente próxima.

Exemplo marcante neste particular ocorreu com o apóstolo Paulo, narrado pelo Espírito Emmanuel, no livro "Paulo e Estevão", psicografia de Francisco Cândido Xavier.

Em uma de suas viagens missionárias Paulo esteve em Icônio, cidade da Ásia Menor, onde com sua palavra vibrante e esclarecedora, a par das curas que operava, fez muitos adeptos.

Ali fundou uma igreja cristã, não obstante a resistência de rica comunidade judaica, intransigente na defesa de Moisés.

O trabalho seguia firme e produtivo quando uma jovem noiva, dócil à influência de obsessores que combatiam o Cristianismo, tomou-se de amores por ele. Com isso afastava-se do noivo, que via com estranheza e irritação aquela situação.

Certa feita a jovem pediu-lhe entrevista reservada e, com grande surpresa do apóstolo, falou-lhe de sua paixão.

Paulo tentou explicar-lhe, inutilmente, que era simples servidor de Cristo, empenhado na disseminação de seus princípios, um homem frágil e falível que não deteria nenhum encanto para ela.

Em dado momento surge o noivo que, exaltado e se sentindo traído, entrou em discussão com a jovem. Mal-humorada ela reiterava seus propósitos de ligar-se afetivamente ao servidor do Cristo.

O apóstolo tentou explicar:

> *"-Amigo, não te acabrunhes nem te exaltes, em face dos sucessos que se originam de profundas incompreensões. Tua noiva está simplesmente enferma. Estamos anunciando o Cristo, mas o Salvador tem os seus inimigos ocultos em toda parte, como a luz tem por inimiga a treva permanente. Mas a luz vence a treva de qualquer natureza. Iniciamos o labor missionário nesta cidade, sem grandes obstáculos. Os judeus nos ridicularizam e, todavia, nada encontraram em nossos atos que justifique a perseguição declarada. Os gentios nos abraçam com amor. Nosso esforço desenvolve-se pacificamente e nada nos induz ao desânimo. Os adversários invisíveis, da verdade e do bem, certo se lembraram de influenciar esta pobre criança, para fazê-la instrumento perturbador de nossa tarefa. É possível que não me*

compreendas de pronto; no entanto, a realidade não é outra."

De nada valem as ponderações de Paulo.

O noivo, transtornado, passa a insultá-lo, situando-o por mistificador e sedutor de jovens ingênuas.

O caso assumiu proporções de grande escândalo.

As autoridades religiosas de Icônio usaram daquele pretexto para providenciar a prisão de Paulo, impondo-lhe o suplício dos trinta e nove açoites.

A semeadura fora feita e floresceria em corações sensíveis, mas o grande servidor do Cristo foi obrigado a deixar a cidade, ante a pressão exercida pelas sombras, que se utilizaram de uma jovem invigilante, envolvida nas teias da fascinação afetiva.

A ASSISTIDA INSISTENTE

Era um jovem trabalhador da seara espírita a quem chamaremos Ricardo.

Solteiro, dedicava suas horas ao serviço assistencial e às reuniões doutrinárias.

Integrado num dos grupos de visitação, comparecia a bairro humilde, atendendo famílias paupérrimas.

Dentre elas sofredora mãe de vários filhos, que enfrentava sérios problemas com o marido alcoólatra.

Encaminhada ao Centro, frequentava reuniões em que Ricardo lia e comentava livros espíritas.

Era admirável a assiduidade e o interesse

dela, embora notoriamente não estivesse assimilando quase nada, em face de suas poucas letras.

☆ ☆ ☆

No retorno ao lar, em companhia de sua mãe, Ricardo era invariavelmente procurado pela assistida, que lhe pedia explicações sobre o estudo da noite. Acabava seguindo com eles até as proximidades do local onde tomava seu ônibus.

Aquela insistência começou a incomodar Ricardo. Pior: ficou preocupado. Ela parecia ver nele algo mais que simples servidor da casa espírita.

Passou a evitá-la. Deixou de participar das visitas ao seu barraco. Esquivava-se quando tentava falar com ele.

Ela reagiu à semelhança da jovem apaixonada pelo apóstolo Paulo. Pediu uma entrevista em particular, confessando que lhe devotava imenso amor. Guardava a certeza de que era correspondida.

Ricardo explicou-lhe que laborava em perigoso engano. Não alimentava qualquer pretensão a seu respeito. Não lhe prestara benefícios em caráter pessoal. Fora apenas um intermediário. Advertiu-a quanto ao seus compromissos conjugais. Que respeitasse o marido e os filhos.

Clamou no deserto.

Ela não entendeu nada. Sua única certeza era de que havia uma ligação muito forte entre ambos e que nada haveria de separá-los.

Passou a assediá-lo. Aproximava-se onde estivesse, na rua com amigos, no Centro, no local de trabalho, imiscuindo-se e causando-lhe sérios embaraços.

☆ ☆ ☆

O assunto foi levado à direção do Centro. Um grupo de diretores encarregou-se de aconselhá-la. Era preciso modificar seu comportamento ou deixaria de receber ajuda. Haveria prejuízos para ela e a família.

Não se abalou:

-Façam como quiserem. Não me afastarei. Ele é meu!

Tomando conhecimento do problema, um delegado de polícia tentou intimidá-la. Falou-lhe duramente. Seria presa se não deixasse Ricardo em paz.

Com a coragem dos insanos, enfrentou a autoridade;

-Pode me prender. Não vai adiantar. Ele é meu!

Um juiz espírita foi solicitado a colaborar. Determinou que a viatura policial a recolhesse em sua casa, levando-a ao Fórum. Ameaçou-a de processo. Perderia a casa, a família, os filhos...

E ela, inabalável:

-Isso não mudará nada. Ele é meu!

☆ ☆ ☆

Não fosse tão inconveniente a situação seria até cômica.

Não faltaram companheiros que pilheriavam:

-Ricardo, Ricardo! Toma juízo menino! Andou seduzindo a pobre mulher e agora quer escapar de fininho!

Só por brincadeira.

Prematuramente envelhecida, exibindo sorriso desdentado, expressão abatida, a triste figura da assistida era o atestado eloquente de que não houvera nada entre eles.

Por outro lado, felizmente ela não era agressiva.

Nunca perpetrou nenhuma violência, nem promoveu escândalo, o que não é raro em casos semelhantes.

Embora seja obra de ficção, o filme "Atração Fatal", em que mulher apaixonada inferniza uma família, culminando em tragédia, exprime com fidelidade até onde uma fascinação afetiva pode chegar.

O final de nossa história não foi cinematográfico, não teve lances dramáticos, mas, como preferem os espectadores, foi feliz.

O tempo passou, o assédio foi se distanciando, até que, perto de três anos depois a ex-assistida desistiu da idéia de que Ricardo era propriedade sua. Nunca mais se ouviu falar dela...

O CEGO QUE NÃO QUER VER

O leitor certamente terá algumas dúvidas em relação aos problemas gerados pela mulher que perseguia o jovem servidor espírita:

Onde estavam os protetores espirituais do Centro e dela própria, que permitiram semelhante envolvimento?

Por que não promoveram o afastamento dos Espíritos obsessores?

Não pode o Bem sempre mais?

Para que possamos responder satisfatoriamente é preciso considerar algo fundamental:

A fascinação não é unilateral.

A obsidiada não foi vítima de um assalto.

Simplesmente rendeu-se às idéias que lhe

eram sugeridas. E se chegou ao extremo da fascinação afetiva, foi depois de ter refugado todos os recursos de auxílio mobilizados pelos benfeitores espirituais em seu favor:

Ofereceram-lhe orientação durante as horas de sono.

Buscaram inspirá-la durante a vigília.

Utilizaram-se de instrumentos humanos para desfazer seus enganos, destacando-se o próprio Ricardo, objeto de suas investidas, e os companheiros.

Aplicaram-lhe recursos magnéticos tendentes a fortalecer-lhe a vontade, para que se dispusesse a romper a ligação.

Aproximaram-se dos Espíritos obsessores, mobilizando recursos de esclarecimento para que se afastassem.

No entanto, esbarraram na dificuldade maior:

Ela própria, que cristalizou a idéia de que Ricardo era seu e que nada neste mundo poderia separá-la dele.

Neste estágio o obsidiado assemelha-se ao alienado mental, incapaz de reconhecer o ridículo de suas pretensões e o absurdo de suas idéias.

Ilude a si mesmo. Tenta justificar a rejeição do amado com idéias mirabolantes, relacionadas com interferência de familiares, de rivais, e até de influências espirituais.

Espíritas pouco esclarecidos e sonhadores, envolvidos em semelhante situação, flutuam longe da realidade, convictos de que há uma milenar ligação entre eles e o objeto de seu fascínio.

Quais cegos que não querem ver, afundam-se no desajuste as vítimas voluntárias da fascinação afetiva.

Marcam passo nos caminhos da Vida, até que as rudes lições da dor venham reajustar suas emoções e renovar suas idéias.

A INTELIGÊNCIA FASCINADA

Uma análise superficial poderá sugerir a idéia de que a fascinação atinge apenas as pessoas destituídas de inteligência, suficientemente ingênuas para assimilar as fantasias sugeridas pelos obsessores.

Kardec explica, em "O Livro dos Médiuns", que não é assim:

> *"Fora erro acreditar que a este gênero de obsessão só estão sujeitas as pessoas simples, ignorantes e baldas de senso. Dela não se acham isentos nem os homens de mais espírito, os mais instruídos e os mais inte-*

ligentes sob outros aspectos, o que prova que tal aberração é efeito de uma causa estranha, cuja influência eles sofrem."

Encontramos exemplos em todos os setores da atividade humana. Homens cultos e sensíveis, dotados de respeitável acuidade mental, mas envolvidos em perturbadores processos obsessivos.

Situam-se por médiuns das sombras, fascinados por esdrúxulas idéias que, encontrando receptividade nas mentes distraídas do Bem, geram perturbadores movimentos sociais, em semeaduras de desequilíbrio, sofrimento e morte.

Jean-Paul Sartre, filósofo existencialista, pregava o niilismo, o nada, a proclamar que o homem está entregue à sua própria sorte. Inspirou, assim, muitas das loucuras da sociedade européia de após guerra, distanciada de Deus.

Friedrich Nietzsche, com sua concepção do super-homem, movido unicamente pela vontade do poder, com total desprezo pela ética cristã, foi uma das inspirações da loucura nazista.

Arthur Schopenhauer ensinava ser indispensável que o homem suprima a vontade de viver para que se liberte da dor, induzindo criaturas desavisadas aos precipícios do suidício.

Vale destacar o agonizante comunismo, gerado a partir do equívoco cometido por intelectuais que julgaram possível edificar uma sociedade igualitária sustentada por regimes totalitários. Neles o Estado seria dono de tudo para que não faltasse nada. Resultado: Estados que não têm nada, onde falta tudo.

☆ ☆ ☆

A intelectualidade vazia de sabedoria, divorciada de valores morais, é campo fértil para a semeadura das sombras que, literalmente, quase atearam fogo em nosso planeta em pavorosa hecatombe nuclear.

Isto ocorreu a partir do confronto entre os Estados Unidos e a extinta União Soviética, que durante décadas pretenderam garantir a paz com o aumento progressivo do poderio atômico, como se fosse possível evitar explosões estocando dinamite.

Incontáveis exemplos de inteligências dominadas por perigosas fascinações, justificam a jocosa observação de Jaques Prèvert:

> *"Não se deve deixar os intelectuais brincarem com fósforos."*

À MODA DA CASA

Encontramos frequentemente a fascinação nas reuniões mediúnicas, onde é exercitado o intercâmbio com o Além.

Inteligentes obsessores, encontrando médiuns receptivos à sua influência, fazem deles instrumentos para semear a confusão.

Não raro estes mistificadores usurpam o nome de personalidades ilustres, a fim de mais facilmente alcançar seus objetivos.

Médium ideal para eles: o personalista.

Incensando sua vaidade facilmente o seduzem.

A título de curiosidade literária, tenho em minha biblioteca um livro psicografado, atribuído a Allan Kardec.

O mais ligeiro exame revela tratar-se de obra apócrifa, ditada por mistificador que envolveu o médium e aqueles que o assistiam. As idéias ali apresentadas estão longe de exprimir a lucidez, clareza e objetividade do codificador da Doutrina Espírita.

Em "O Livro dos Médiuns", capítulo XXXI, Kardec nos oferece vários exemplos a respeito, transcrevendo manifestações apócrifas atribuídas a grandes vultos da Humanidade, como Jesus, Vicente de Paulo e Napoleão.

E comenta:

> *"De fato, a facilidade com que algumas pessoas aceitam tudo o que vem do mundo invisível, sob o pálio de um grande nome, é que anima os Espíritos embusteiros. A lhes frustrar os embustes é que todos devem consagrar a máxima atenção; mas, a tanto ninguém pode chegar, senão com a ajuda da experiência adquirida por meio de um estudo sério. Daí o repetirmos incessantemente: Estudai, antes de praticardes, porquanto é esse o único meio de não adquirirdes experiência à vossa própria custa."*

Oportuno destacar que a influência dos

Espíritos mistificadores, envolvendo atividades religiosas e, particularmente, o exercício mediúnico, não é novidade.

Em sua epístola primeira (4;1), o apóstolo e evangelista João proclama, taxativo:

> *"Amados, não creiais em todos os Espíritos, mas verificai se os Espíritos procedem de Deus, porque muitos falsos profetas têm saído pelo mundo afora."*

Infelizmente, raros vêm observando essa orientação.

Haveria um espanto universal se, num momento de plena lucidez, as pessoas percebessem as aberrações doutrinárias incorporadas à religião que professam, a partir do envolvimento dos teólogos com mistificadores do Além, a fasciná-los com esdrúxulas idéias.

☆ ☆ ☆

Médiuns sensíveis, dotados de razoáveis faculdades, mas vaidosos e personalistas, irritam-se quando advertidos quanto aos imperativos da **disciplina**, da **humildade** e do **estudo**, no intercâmbio.

Julgam-se eternos incompreendidos.

Pior: convencem-se de que a incompreensão alheia é o emblema de grandiosas missões que devem desempenhar.

Impermeáveis ao bom senso, comprometem humildes tarefas que deveriam abraçar na seara espírita, prisioneiros da fascinação.

Amargo lhes será o despertar na Vida Espiritual, quando constatarem a extensão de seus enganos e o desastroso fracasso.

☆ ☆ ☆

O problema da fascinação nos Centros Espíritas sustenta-se na tendência à sacralização dos Espíritos que se manifestam com o propósito de orientar.

Situando-os por representantes da sabedoria divina, os participantes das reuniões perdem o senso crítico e tudo aceitam passivamente.

-É o guia! - murmuram, subservientes.

Esse comportamento contraria flagrantemente os princípios codificados por Kardec, notadamente aquele sempre citado, do Espírito Erasto, em "O Livro dos Médiuns", capítulo XX:

> *"Mais vale rejeitar dez verdades do que admitir uma única mentira, uma única teoria falsa."*

Grupos que ignoram essa "regra de ouro", como diz Herculano Pires, acabam por fazer um Espiritismo "à moda da casa", recusando-se ao intercâmbio das idéias e à participação no movimento de unificação promovido por órgãos federativos.

Destaque-se que unificação não é uniformização de procedimentos, mas defesa da pureza doutrinária, sustentando o arejamento e a integridade do movimento espírita.

Somente assim será possível resistir ao assédio das sombras, que sempre têm acesso fácil aos grupos fechados, dominados por dirigentes auto-suficientes.

GOZADORES DO ALÉM

Foi o ponto culminante, na exposição de arte moderna.

Um concurso de esculturas.

Muitos candidatos. Amadores e profissionais disputando o cobiçado prêmio.

Dezenas de criações artísticas foram submetidas a respeitáveis críticos que, após demorada apreciação, elegeram a vencedora.

Com um metro de altura, monolítica, formas arredondadas, com reentrâncias e baixos relevos, era literalmente impenetrável para os leigos. Jamais decifrariam o que pretendera o autor. Em que ignoto socavão da memória buscara inspiração para aquela "coisa".

Mas agradou os entendidos, que aplaudiram a leveza do cinzel, as formas suaves, a harmonia do conjunto e a feição decorativa.

☆ ☆ ☆

Na cerimônia para entrega dos troféus, convocado o autor, este informou:

-Sou apenas representante do escultor. Melhor dizendo, da escultora. Não foi possível inscrever o trabalho em seu nome. O regulamento não permite.

O mestre de cerimônias interveio de pronto:

-Está ocorrendo um equívoco. Não há discriminação de sexo em nossa exposição. Temos várias escultoras inscritas.

O homem explicou, reticente:

-Não é bem isso... A escultora não é uma mulher... Trata-se de uma vaca de minha propriedade. A obra premiada foi feita por ela numa pedra de sal que lambeu durante meses, imprimindo-lhe a forma atual.

☆ ☆ ☆

Um bloco moldado por animal, tendo por cinzel a língua e por inspiração a necessidade de sal para gado é, sem dúvida, o que de mais primitivo poderíamos conceber como "arte".

Onde a justificativa para a premiação?

É que muitos artistas, perseguindo originalidade, inspirados pela velha vaidade humana, enveredam por caminhos de extravagância e absurdo.

A partir daí tornam-se vítimas de Espíritos zombeteiros. Estes os fascinam com estranhas concepções que, tomadas à conta de modernismo, apenas refletem a futilidade medíocre que reina em variados setores artísticos na atualidade.

☆ ☆ ☆

As mesmas motivações estabelecem a associação de vocações musicais com as sombras, gerando sons ruidosos que mais parecem resultado do assalto de símios aos instrumentos de uma orquestra.

Como a música, mais do que a palavra articulada, é eficiente estímulo a que respondem as pessoas, de conformidade com suas tendências, identificamos multidões histéricas, fascinadas por músicos espalhafatosos e barulhentos que descobriram como ganhar dinheiro cultivando aberrações sonoras.

Particularmente os "concertos" de rock, verdadeiros desacertos musicais, realizados em ambientes pesados, fumacentos, escuros e absurdamente barulhentos, parecem autênticas sucursais umbralinas.

O Umbral é uma faixa escura, como denso

nevoeiro espiritual envolvendo a Terra, formado pelas vibrações mentais de Espíritos encarnados e desencarnados em desequilíbrio.

Ali estagiam aqueles que, libertando-se do corpo físico pelo fenômeno da morte, permanecem presos aos interesses e viciações humanas, sem a pureza necessária para alçar vôo aos planos mais elevados.

Dispostos a exercer pressão sobre os homens, explorando-lhes as mazelas, aproveitam esses espetáculos consagrados pela imaturidade de seus participantes.

Ali, músicos e público em transe, sob indução do ambiente, com reforço do álcool, do fumo e das drogas, é o ambiente ideal para operacionalizarem a fascinação, em bases de "quanto maior a inconsequência melhor". Mais facilmente poderão envolver seus "pupilos" e estes pagarão alto preço depois, pelo "êxtase" daqueles momentos fugazes, experimentando renitentes desajustes e perturbações.

À CUSTA DAS PRÓPRIAS LÁGRIMAS

-Bondoso Lupércio - reclamava Eulália ao mentor espiritual numa reunião mediúnica - por que essa doença insidiosa que prende meu filho ao leito há mais de cinco anos?

-É o seu carma, uma expiação programada pela Justiça Divina.

-Não seria mais fácil pagar seus débitos desfrutando da plenitude de movimentos, participando dos serviços assistenciais do Centro?

-O problema é que, envolvido num processo de fascinação, ele, além de comprometer-se no crime, desenvolveu tendências viciosas que fatalmente ressurgirão se experimentar liberdade de locomoção. A prisão no leito é um precioso recurso educativo em seu benefício.

-E quanto ao obsessor? Não responde pela influência nefasta que exerceu sobre ele?

-Sem dúvida. Um escritor famoso afirmou numa de suas obras que somos responsáveis por aqueles que cativamos (*). De certa forma os obsessores cativam suas vítimas, na medida em que as seduzem com suas sugestões, levando-as às iniciativas que desejam. São co-responsáveis, portanto, em seus desatinos.

-Se assim acontece, não seria justo que o obsessor estivesse junto de meu filho, com o compromisso de ajudá-lo?

-É o que vem fazendo, com intensa dedicação.

-Poderíamos evocá-lo nesta reunião?

-Impossível.

-Não está por perto?

-Está entre nós.

-Por que, então, a impossibilidade?

-O obsessor é você.

☆ ☆ ☆

Tivéssemos o dom de conhecer o passado e identificaríamos com espantosa frequência os fascinados de ontem em dolorosas experiências de hoje.

Enfrentam problemas mentais, limitações

(*) - Saint-Exupéry, em "O Pequeno Príncipe"

físicas, carências e dificuldades, relacionados com a semeadura de males que efetuaram a partir do momento em que vivenciaram as fantasias sugeridas pelos obsessores.

Estes, por sua vez, também submetidos às sanções divinas, ressurgem na Terra não raro na condição de angustiados enfermeiros de suas ex-vítimas.

Aprendem todos, à custa das próprias lágrimas, uma lição fundamental:

A faculdade de discernir - a razão - e a faculdade de escolher - o livre-arbítrio - que outorgam ao Homem a condição de filho de Deus, dotado de suas potencialidades criadoras, implicam necessariamente em observância plena dos princípios de Justiça e Amor que regem o Universo.

Situam-se ambos como ideais a serem alcançados.

Ideais que jamais serão negados impunemente.

Ideais que, representando a vontade de Deus, significam, acima de tudo, o melhor para nós.

POSSESSÃO DEMONÍACA

Definindo o terceiro tipo de obsessão em "O Livro dos Médiuns", diz Kardec:

"A subjugação é uma constrição que paralisa a vontade daquele que a sofre e o faz agir a seu mau grado. Numa palavra: o paciente fica sob um verdadeiro jugo."

E explica:

"A subjugação pode ser ***moral*** *ou* ***corporal****. No primeiro caso, o subjugado é constrangido a tomar resoluções muitas vezes absurdas e comprometedoras que,*

por uma espécie de ilusão, ele julga sensatas; é uma como fascinação. No segundo caso, o Espírito atua sobre os órgãos materiais e provoca movimentos involuntários."

Adiante, destaca o Codificador:

"Vai, às vezes, mais longe a subjugação corporal; pode levar aos mais ridículos atos. Conhecemos um homem, que não era jovem, nem belo e que, sob o império de uma obsessão dessa natureza, se via constrangido, por uma força irresistível, a pôr-se de joelhos diante de uma moça a cujo respeito nenhuma pretensão nutria e pedi-la em casamento. Outras vezes, sentia nas costas e nos jarretes uma pressão enérgica, que o forçava, não obstante a resistência que lhe opunha, a se ajoelhar e beijar o chão nos lugares públicos e em presença da multidão. Esse homem passava por louco entre as pessoas de suas relações; estamos, porém, convencidos de que absolutamente não o era, porquanto tinha consciência plena do ridículo do que fazia contra a sua vontade e com isso sofria horrivelmente."

Está consagrada pelo uso a expressão "possessão" para definir o domínio por Espíritos malfeitores, quando sua influência vai até a alienação do livre-arbítrio da vítima, que não mais exercita vontade própria.

Kardec explica porque não lhe parece a mais adequada:

> *"Primeiro, porque implica a crença de seres criados para o mal e permanentemente votados ao mal, enquanto que não há senão seres mais ou menos imperfeitos, os quais todos podem melhorar-se; segundo, porque implica igualmente a idéia de apoderamento de um corpo por um Espírito estranho, de uma espécie de coabitação, ao passo que o que há é apenas constrangimento. A palavra* ***subjugação*** *exprime perfeitamente a idéia. Assim, para nós, não há possessão, no sentido vulgar do termo, há somente* ***obsidiados, subjugados*** *e* ***fascinados****."*

☆ ☆ ☆

A figura do demônio, anjo decaído a disputar permanentemente com Deus a posse das almas, é uma aberração teológica.

Inadmissível que, sendo onisciente, Deus criasse Espíritos que iriam gerar um impasse universal, contrapondo-se eternamente às Suas leis sábias e justas.

Pior seria conceber um Criador incapaz de modificar a disposição de suas criaturas transviadas ou que estas induzam irmãos seus a desvios que resultarão em tormentos irremissíveis.

Ante a onipotência divina, o demônio jamais constituirá ameaça à ordem do Universo.

Podemos situá-lo muito mais como um "pobre diabo", não no sentido pejorativo em que é empregada a expressão quando menosprezamos alguém. Simplesmente porque se trata de um Espírito rebelde, voluntariamente transviado, habilitando-se, por isso, a compulsória retificação, em penosas jornadas de resgate e reajuste que o reconduzirão aos roteiros do Bem.

Filhos de Deus, criados à sua imagem e semelhança, segundo a afirmativa bíblica, somos intrinsecamente bons.

O mal em nós é uma excrescência nascida de nossos desatinos, que a dor se encarrega de desbastar.

PORQUE NÃO REAGEM

A subjugação é a mais lastimável forma de assédio espiritual.

Na obsessão simples o indivíduo é perturbado por idéias infelizes.

Na fascinação vemo-lo convencido delas.

Na subjugação pouco importa o que pensa. O obsessor controla seus movimentos.

Sobrepondo-se às suas reações, impõe-lhe gemidos, gritos, estertores, agonias, desmaios e desvarios absolutamente incontroláveis.

Animado por mórbidos propósitos o perseguidor invisível tanto mais se compraz quanto maior a degradação a que consegue submeter a vítima, levando-a, não raro, a precipitar-se na solidão de cubículos destinados a inquietos e agressivos enfermos mentais.

Boa parcela dos alienados mentais que estagiam nos hospitais psiquiátricos são vítimas da subjugação.

☆ ☆ ☆

Em inúmeras oportunidades Jesus esteve às voltas com o problema.

É ilustrativo o caso de habitante de Gadara (Marcos, 5):

> *"Entrementes chegaram à outra margem do mar, à terra dos gerasenos. Ao desembarcar, logo veio dos sepulcros, ao seu encontro, um homem possesso de Espírito imundo, o qual vivia nos sepulcros, e nem mesmo com cadeias alguém podia prendê-lo; porque, tendo sido muitas vezes preso com grilhões e cadeias, as cadeias foram quebradas por ele e os grilhões despedaçados. E ninguém podia contê-lo. Andava sempre, de noite e de dia, clamando por entre os sepulcros e pelos montes, ferindo-se com pedras."*

Libertado por Jesus da perseguição espiritual, o geraseno voltou ao lar, perfeitamente refeito.

Em outra passagem (Lucas, 9), um pai roga a Jesus:

"Mestre, suplico-te que vejas meu filho, porque é o único; um Espírito se apodera dele e, de repente, grita e o atira por terra, convulsiona-o até espumar, e dificilmente o deixa, depois de o ter quebrantado."

Afastado o Espírito por Jesus, o menino livrou-se do problema.

☆ ☆ ☆

Quando lúcido e receptivo, o subjugado ouve de familiares costumeiras recomendações.

-É preciso reagir. Faça pensamento firme. Não se entregue a esse desvario. Pense em Deus.

Se o infeliz reclama incapacidade de resistir à pressão, insistem:

-Nós não somos atingidos. Somente você. É que temos fé. Cultivamos pensamentos positivos, exercitamos força de vontade! Você está sendo fraco!

Razoáveis afirmativas.

Não obstante, quem lida com o subjugado precisa levar em consideração que geralmente ele está imantado ao obsessor, em estreita sintonia. Situa-se como um marionete em suas mãos.

Essa imantação não é de iniciativa do obsessor. Normalmente já existia. Vem do passado, envolvendo graves conflitos entre ambos.

Tanto quanto o amor, o ódio recíproco estabelece estreitos vínculos. Há apenas uma diferença:

Os que se amam auxiliam-se mutuamente, em laboriosas jornadas de progresso e bem-estar.

Os que se odeiam agridem-se interminavelmente, com vantagem eventual para aqueles que se situam no anonimato, quando despidos da carne, em trânsito pelo Além.

☆ ☆ ☆

Jesus dizia que Espíritos dessa natureza só podem ser afastados com jejum e oração.

O jejum simboliza o empenho de superar a natureza animal, representada por vícios e paixões.

A oração simboliza o empenho de cultivar a natureza espiritual, buscando a comunhão com a Espiritualidade.

Somente assim o benfeitor que procura interferir numa subjugação terá a autoridade necessária para fazer-se ouvido e respeitado pelos agressores espirituais.

RECOMENDAÇÃO NECESSÁRIA

No serviço de atendimento fraterno do Centro Espírita, diante do pai ansioso, explica com convicção o entrevistador:

-As convulsões de seu filho têm origem espiritual, fruto de uma subjugação. Um Espírito aproxima-se dele e o envolve em vibrações deletérias, disparando a crise.

-Por que essa agressão?

-Provavelmente trata-se de vingança.

-Não entendo. O menino tem cinco anos. Que mal poderia fazer?

-Somos todos Espíritos eternos. Já vivemos muitas experiências na Terra. Não sabemos a natureza dos compromissos do menino nem de seu envolvimento com o desafeto que o persegue.

-O Centro poderá ajudar?

-Claro. Faremos o possível.

O entrevistador detalha os recursos que serão mobilizados - água fluidificada, passes magnéticos, desobsessão, Evangelho no Lar...

-Alguma providência de nossa parte?

-Apenas a colaboração de toda a família, seguindo as orientações a fim de que os benefícios sejam completos.

☆ ☆ ☆

No dia imediato inicia-se o tratamento espiritual.

Ao longo de várias semanas o garoto recebe ajuda, com a diligente participação e esperançosa expectativa do grupo familiar.

Não obstante, embora menos frequentes e intensas, sucedem-se as convulsões.

- É assim mesmo - tranquiliza o entrevistador - a recuperação é demorada, mesmo porque não é fácil modificar as disposições do perseguidor desencarnado.

Passam-se dois meses.

O quadro permanece estacionário.

As convulsões não progridem, mas também não regridem.

Atendendo à insistência de um amigo o pai

leva o menino a um neurologista. O médico recomenda uma tomografia computadorizada do cérebro, uma sofisticada radiografia.

Diagnóstico: foco irritativo no tecido cerebral, gerando as convulsões. Um problema **físico**.

Decepcionado o pai suspende o tratamento espiritual do menino e afasta-se do Centro.

☆ ☆ ☆

Com inúmeras variações, envolvendo males diversos, essa história repete-se frequentemente, em relação ao tratamento espiritual nos Centros Espíritas.

Falha na orientação da Doutrina?

Não. Falha do orientador.

☆ ☆ ☆

Quando o Espírito obsessor opera o que poderíamos definir como uma agressão espiritual, submetendo o obsidiado a pesada carga magnética, será justamente a parte mais vulnerável de sua constituição física ou psíquica a acusar o impacto.

No caso do menino a vulnerabilidade está no foco irritativo do cérebro, originando a convulsão.

Isto não significa que ela seja sempre consequência do envolvimento espiritual. Este apenas torna mais frequentes e intensas as crises.

Afastado o obsessor o menino continuará sujeito às convulsões, decorrentes do mal físico, mas sem o agravante da agressão espiritual. Consequentemente serão menos graves e mais facilmente controláveis.

☆ ☆ ☆

Quando inflamos incessantemente um balão de borracha, popularmente chamado bexiga, ele tenderá a arrebentar num estouro, a partir de um ponto frágil onde haja defeito ou menor espessura.

Algo semelhante ocorre em relação à influência espiritual inferior. Ela pode disparar crises hepáticas, distúrbios circulatórios, desarranjos intestinais, depressão, ansiedade e muitos outros problemas, a partir de nossas deficiências físicas e psíquicas.

O afastamento do Espírito obsessor pode eliminar o elemento agravante, mas não suprime o mal existente, passível de gerar crises não relacionadas com influências espirituais.

A cura definitiva pede concurso do tempo, empenho de renovação e também a contribuição da Medicina, bênção de Deus instituída na Terra para favorecer a saúde humana.

Por isso, o companheiro de boa vontade

que atende as pessoas que procuram ajuda no Centro Espírita não deve esquecer a recomendação básica:

"O atendimento espiritual não dispensa o tratamento médico".

ONDE O ESPIRITISMO COMEÇOU

-Então, doutor, descobriu algo?

Era o quarto médico que procurava, desde que seu filho de cinco anos começara a sofrer agitados desmaios. O menino debatia-se e espumava, apavorando os familiares. Diagnóstico unânime: epilepsia, um distúrbio intermitente da função encefálica que pode provocar variadas reações, como desmaios, perda de consciência, lassidão, dificuldade de raciocínio ou, como ocorre frequentemente, as convulsões.

-Não chegamos a nenhuma conclusão. O eletroencefalograma registra pequena disritmia, mas insuficiente para justificar o mal. A tomografia não acusou nenhuma lesão ou massa tumoral.

Fisicamente ele está ótimo, como confirmam os exames de laboratório.

-Mas certamente há uma causa...

-Sem dúvida. Em toda anomalia física forçosamente há um agente determinante.

-Como ficamos?

-O importante agora é evitar as convulsões. Elas poderão comprometer seu desenvolvimento mental. Deverá fazer uso de anticonvulsivos. Ajustaremos uma dose ideal evitando, tanto quanto possível, efeitos colaterais.

O pai não se conforma.

-Não sou rico, doutor, mas tenho algumas economias. Diga-me, por caridade: há algum recurso que eu possa buscar, ainda que em outro país?

-Bem, para ser franco, existe sim. Se fosse meu filho eu o encaminharia.

-Fale, doutor. Não importa quanto deva gastar. Venderei minha casa, meu automóvel, o que for preciso. A saúde do menino está em primeiro lugar.

-Não vai custar absolutamente nada...

-É um serviço de saúde pública?

-De certa forma está ligado aos poderes que nos governam.

-Como chegar lá?

-Não será difícil. Há vários núcleos de atendimento em nossa cidade.

-Mal posso esperar... Onde é esse abençoado centro de tratamento?

-Você disse bem. É um Centro Espírita...

-Ora, doutor, o senhor, um médico, um homem de ciência, encaminhando-me para o Espiritismo?

-Exatamente. Não sou espírita, mas tenho suficiente experiência para compreender que casos como o de seu filho não são resolvidos pela medicina da Terra. Seu problema é, como dizem os adeptos de Allan Kardec, espiritual. Eles lhe explicarão detalhadamente o porquê dessas crises.

☆ ☆ ☆

Surpreendente, não é mesmo, amigo leitor?

Mas não é novidade.

Médicos espíritas e até mesmo aqueles que têm apenas vagas noções de Espiritismo, sabem que há males de etiologia indevassável sob o ponto de vista orgânico, porquanto sustentam-se de influências espirituais inferiores.

Isso ocorre com muita frequência na subjugação.

A agressão espiritual deprime o sistema nervoso, provoca uma "tempestade" nos neurônios e dispara a convulsão e até problemas mais graves, sem que exista uma causa física, como no caso que abordamos no capítulo anterior.

☆ ☆ ☆

Médicos materialistas sorriem destas conceituações, sem se dar ao trabalho de analisá-las, atitude anticientífica...

Mas não escondem sua perplexidade diante de alienados mentais, vítimas de subjugação, perfeitamente saudáveis neurologicamente.

Atribuem seus males a perturbações nascidas de acidentes hereditários ou influências ambientais, sem que consigam detectar quaisquer disfunções nos circuitos nervosos ou cerebrais.

Empregam vasta e complexa terminologia, que define, mas não esclarece e prescrevem complicados tratamentos que acalmam sem jamais recuperar o paciente.

Um dia, que não vai longe, a classe médica descobrirá, como já o fizeram alguns de seus representantes, que cada paciente é um Espírito eterno, cujos males possuem raízes no Plano Espiritual, em estreita relação com influências obsessivas.

Então poderão auxiliar de forma mais eficiente destrambelhadas vítimas da subjugação, porquanto terão chegado onde o Espiritismo começou...

E afixarão um aviso em seus consultórios:

"O atendimento médico não dispensa o tratamento espiritual."

A VIRTUDE QUE FALTOU

Há casos gravíssimos de subjugação em que o obsidiado parece possuído por mil demônios, segundo a crença popular.

Agitado ao extremo, demanda severas medidas de contenção, como a camisa-de-força e altas doses de tranquilizantes.

Tais ligações geralmente originam-se de sombrios dramas passionais, de inenarráveis tragédias, ocorridas no passado distante ou próximo, em existências anteriores ou na atual.

Quase sempre o infeliz que hoje se debate ante a furiosa agressão espiritual é alguém que ontem traiu, ofendeu, arruinou, matou, inspirado em propósitos menos dignos.

O agressor de hoje é aquele mesmo que foi traído, ofendido, arruinado, morto e que, desejando fazer justiça com as próprias mãos, pretende submeter o desafeto a sofrimentos mil vezes acentuados.

Vítima de ontem, verdugo de hoje.

Vítima de hoje, verdugo de ontem.

Adversários irreconciliáveis, engalfinhados em furiosos combates espirituais, sem que nada possamos observar além do encarnado a debater-se.

☆ ☆ ☆

Antes de vítima e verdugo, são dois infelizes.

O obsidiado, pela inconsequência criminosa do passado.

O obsessor, pela agressividade feroz do presente.

O obsidiado, conduzido à loucura pela subjugação.

O obsessor, precipitando-se nela pelo empenho de revide.

O obsidiado, incapaz de resistir à agressão porque deve.

O obsessor, incapaz de resistir à agressividade porque julga-se credor de uma dívida que somente Deus tem o direito de cobrar.

☆ ☆ ☆

A quem lamentar mais?

O obsidiado, que ofendeu, ou o obsessor, que não superou o desejo de revidar?

O obsidiado, que colhe os espinhos semeados, ou o obsessor, que se dilacera vitimado pelo ódio?

O obsidiado, possuído pelo fogo da expiação, ou o obsessor, abrasado pela volúpia da vingança?

Ligações desta natureza podem durar existências inteiras e até séculos, estendendo-se ao Plano Espiritual, alternando-se as posições vítima/verdugo, envolvendo, não raro, parceiros igualmente comprometidos, a guerrearem-se loucamente, mergulhando mais e mais em sombrios precipícios.

☆ ☆ ☆

Se os infelizes protagonistas desses dramas pungentes pudessem conhecer a extensão dos sofrimentos e dores que semeiam para si mesmos; se avaliassem a profundidade de seu comprometimento com as leis divinas, certamente desenvolveriam outro empenho, com todas as forças de suas almas:

O empenho de cultivar uma das virtudes ensinadas e exemplificadas por Jesus, o grande recurso para que não nos envolvamos com o mal que nos atinge.

Essa virtude de imenso alcance é o perdão.

Quando o exercitamos de verdade, sem lembranças amargas, sem evocar castigos divinos para o ofensor, sem endereçar-lhe adjetivos pejorativos, então, algo de maravilhoso, fantástico, surpreendente ocorre:

Desfaz-se a mágoa e verificamos que apesar de tudo não perdemos a estabilidade íntima nem a capacidade de ser felizes.

☆ ☆ ☆

No soneto "A Crucificação", no livro "Parnaso de Além-Túmulo", psicografia de Francisco Cândido Xavier, escreve o Espírito Olavo Bilac:

Fita o Mestre, da cruz, a multidão fremente.
A negra multidão de seres que ainda ama.
Sobre tudo se estende o raio dessa chama,
Que lhe mana da luz do olhar clarividente.

Gritos e altercações! Jesus, amargamente,
Contempla a vastidão celeste que o reclama.
Sob os gládios da dor aspérrima, derrama
As lágrimas de fel do pranto mais ardente.

Soluça no silêncio. Alma doce e submissa,

E em vez de suplicar a Deus para a injustiça
O fogo destruidor em tormentos que arrasem,

Lança os marcos da luz na noite primitiva,
E clama para os Céus em prece compassiva:
"Perdoai-lhes, meu Pai, não sabem o que fazem!..."

É de rara beleza a imagem evocada por Bilac.

Deixamos de ser primitivos partidários do "olho por olho", quando iluminamos nossos caminhos com o facho celeste do perdão.

Os que ofendem não sabem o que fazem, como ensinou Jesus na cruz; não têm noção dos males que geram para si mesmos.

Por outro lado, também não sabem o que fazem os que não perdoam, formando cadeias de ódio que imantam ofensores e ofendidos, a sustentar dores que não depuram e sofrimentos que não redimem.

A DIFÍCIL METAMORFOSE

O ditado popular "O homem propõe e Deus dispõe" pode ser aplicado a penosos processos obsessivos, sustentados por recíproca animosidade.

Ainda que os obstinados adversários pretendam loucamente continuar a se agredir um ao outro, tais vendetas contrariam os princípios de harmonia que sustentam o Universo.

O ódio é a negação do Amor, lei suprema de Deus.

Infalivelmente, sempre chega o momento de mudar.

As bênçãos do tempo acabam por esgotar o fel de seus corações. Exaustos de tantos rancores, sedentos de paz, derrotados pela indestrutível centelha divina que mora em seus corações - são filhos de Deus! - os "duelistas" acabam por desejar ardentemente uma trégua, uma possibilidade de renovar seus caminhos.

E um dia, após longo sono, ei-los reencarnados nas experiências em comum, ligados agora por laços de consanguinidade.

Ontem inimigos, hoje irmãos.

Ontem verdugo e vítima, hoje pai e filho.

Ontem obsessor e obsidiado, hoje marido e mulher.

Assim a Justiça Divina exige a reparação.

Assim a Divina Misericórdia promove a reconciliação.

Assim a Sabedoria do Eterno transforma o ódio em amor.

☆ ☆ ☆

É uma metamorfose difícil, sofrida, porquanto, embora as bênçãos do esquecimento e os elos familiares, eles conservam, inconscientemente, indelével ressentimento.

Daí a ausência de afinidade, a dificuldade de relacionamento, a mágoa indefinível, a muda animosidade e, não raro, a aversão que experimentam entre si.

Para os mais esclarecidos isso tudo é motivo de aflitivos padecimentos, em duras experiências que somente à custa de abnegação e sacrifício poderão vencer.

Para os mais atrasados é forte apelo à intolerância e à deserção.

☆ ☆ ☆

-Não me dou bem com meu pai. Difícil explicar. É como se enxergasse nele um velho perseguidor disfarçado, uma ameaça...

-A convivência com minha mãe é complicada. Nutro por ela sentimentos contraditórios de amor filial e rancor figadal que revolve minhas entranhas...

-Brigamos eu e meu irmão como gato e cachorro. Quando adolescentes era até natural. Agora que somos adultos é inexplicável. Ao menor desentedimento sinto-me possuído de ódio por ele, tentado a ofendê-lo e agredi-lo...

-Até hoje não sei como casei com minha mulher. Uma atração física irresistível talvez, mas foi só. Passado o fogo da paixão, resta invencível animosidade. Simplesmente não nos entendemos. Vivemos às turras, com intermináveis cobranças. Uma situação insustentável...

-Amo extremadamente meu filho mais novo. Quanto ao mais velho, não há nenhuma afinidade entre nós. Ele me desrespeita e eu não consigo ser carinhosa com ele. Há momentos em que me parece um estranho. É recíproco. Ele simplesmente me ignora...

☆ ☆ ☆

Parece sadismo de Deus promover esses "desencontros" no lar para que as pessoas vivam a brigar. Tais problemas, entretanto, relacionam-se muito mais com a ausência de compreensão, tolerância e respeito no presente e muito menos à presença de inimigos do passado.

Embora se trate de uma situação desconfortável e complicada, é preciso lutar pelo pleno aproveitamento da experiência. Não podemos perder a oportunidade de corrigir os desvios de ontem, habilitando-nos a transitar amanhã com maior conforto e segurança pelos caminhos da Vida.

Imperioso não esquecer, em relação aos nossos desafetos do pretérito, transvestidos possivelmente em familiares de convivência difícil, que as lições serão repetidas tantas vezes quantas forem necessárias, até aprendermos todos que somos irmãos.

A BARREIRA DA SUPERSTIÇÃO

Estava às voltas com problemas complexos que o afligiam há meses. Males físicos de etiologia desconhecida; perturbadora angústia, persistente irritabilidade.

Cedendo a insistentes apelos dos familiares decidiu procurar um Centro Espírita.

Compareceu ressabiado. Não lhe agradava a idéia de lidar com Espíritos. Tinha horror a qualquer contato com o "sobrenatural".

O entrevistador, vinculado ao serviço de atendimento fraterno, conversou longamente com ele. Ouviu-lhe as queixas. Avaliou sua condição psíquica e concluiu que estava sob influência de uma obsessão.

Falou-lhe a respeito.

O consulente sobressaltou-se:

-Um Espírito a perseguir-me?!...

-Talvez não apenas um...

-Podem ser muitos?!

-Não é difícil. Geralmente os obsessores não agem isoladamente. Há comparsas...

-Como operam?

-Infiltram-se em seus pensamentos, sugerem idéias infelizes, pressionam seu psiquismo, promovem desajustes variados...

-Meu Deus!... Nunca poderia imaginar algo semelhante! Como me livrarei?

-Faremos um tratamento espiritual. O amigo frequentará as reuniões públicas, receberá o passe magnético. Levaremos seu nome para uma reunião mediúnica de desobsessão. Haverá outras providências que irá conhecendo na medida em que se renovem seus contatos com o Centro.

-Quando começaremos?

-Amanhã. A reunião tem início às 20 horas. Após as palestras de orientação serão aplicados os passes...

Tudo acertado, houve apenas um "pequeno contratempo":

O consulente evaporou-se. Nunca mais compareceu ao Centro.

Ficou-se sabendo depois, por um familiar, que ele apavorou-se com a informação de que estava sob influência de Espíritos.

Preferiu esquecer o assunto, buscando orientação menos chocante, recursos mais amenos...

☆ ☆ ☆

Temos aqui uma advertência para entrevistadores ligados aos serviços de atendimento fraterno, nos Centros Espíritas, que atendem pessoas que fazem seus primeiros contatos com a Doutrina.

Imperioso evitar assuntos que nem sempre elas têm condições de entender sem sobressaltos, antes de uma iniciação que lhes permita conhecer com objetividade a natureza do relacionamento entre os "mortos" e os vivos.

☆ ☆ ☆

O episódio demonstra, também, que para a maior parte das pessoas é pouco animadora a visão do mundo espiritual povoado pelas almas dos mortos, a exercer perturbadora influência sobre os homens.

Além daqueles que riem desta realidade, riso tolo de pretensa superioridade, porque inspirado na mais crassa ignorância, há os que preferem não cogitar do assunto, guardando temores nascidos de velhas superstições.

Forçoso reconhecer, entretanto, que o conhecimento destas questões é indispensável à perfeita compreensão das influências que atuam sobre a mente humana.

Obras básicas e complementares da Doutrina Espírita, que tratam da obsessão, farão parte dos currículos das faculdades de medicina do futuro.

Dia virá em que as expressões **obsessão simples, fascinação** e **subjugação**, a definirem variadas formas de influência espiritual inferior, ultrapassarão o âmbito do Centro Espírita.

Ainda que sob a roupagem de nova terminologia, serão disseminadas pelos consultórios médicos e aplicadas no diagnóstico e tratamento de grande parte dos males físicos e psíquicos que afligem as criaturas humanas.

O GUARDA-CHUVA

Leontino não estava conseguindo...

Espírito desencarnado, assediava José Onofre, pretendendo vingar-se de passadas ofensas.

Localizara-o em nova jornada na carne e pretendia infernizar-lhe a existência, envolvendo-o na obsessão.

No entanto, o antigo desafeto resistia às suas investidas, conservando-se perfeitamente ajustado.

Resolveu apelar para um companheiro mais tarimbado... Procurou Quirino, especialista em atazanar pessoas, usando de extrema sutileza em suas investidas, alguém que a tradição religiosa definiria como um ser demoníaco.

Nada disso. Era apenas um transviado filho de Deus que não se dera ainda ao trabalho de avaliar a semeadura de espinhos que vinha efetuando, os quais fatalmente colheria um dia, em penosos reajustes.

☆ ☆ ☆

O experiente obsessor ouviu-lhe as frustrações e indagou:

-Identificou-lhe as fraquezas?

-Sim.

-E quais são?

-Certa tendência à tristeza, caráter introvertido; alguma preocupação com a saúde; eventuais crises de afetividade no lar; gosta de aperitivos e não é insensível aos encantos femininos.

-Então, não conseguiu puxar esses fios para "enovelá-lo"?

-Bem que tentei, mas sem resultado. Não tem tempo para render-se às próprias mazelas. Vinculado a um Centro Espírita, ocupa todas as suas horas livres em serviços diversos: visita doentes, atende necessitados, cuida de crianças, faz plantão no albergue, aplica passes magnéticos, participa de reuniões mediúnicas. O homem não pára! Simplesmente não sobra espaço em sua mente para infiltração de idéias obsessivas.

Quirino franziu o cenho.

-Quando nossas presas encasquetam a idéia de que devem ocupar o tempo ajudando o semelhante fica difícil. Buscou o ataque por vias indiretas?

-Sim, sim, segui fielmente nossos programas. Explorei as tendências neuróticas da esposa, criando-lhe embaraços no lar; provoquei problemas financeiros, complicando seus negócios; envolvi o filho com drogas; semeei desentendimentos no Centro Espírita; acentuei seus males físicos, mas o homem é uma rocha. Situa-se inabalável, confiando-se à proteção divina.

Leontino suspirou, completando:

-Simplesmente José Onofre recusa-se a uma reação negativa que me dê ensejo para atingi-lo. O que você me aconselha?

-Desista.

-Ora essa! É tudo que tem a dizer?

-Estou apenas sendo realista. O problema é que seu desafeto abriu o guarda-chuva protetor. Você pode fazer desabar sobre ele tempestades existenciais violentas. Não logrará atingi-lo.

-E o que vem a ser essa proteção?

-A prática do bem aliada à confiança em Deus. É preciso esperar torcendo para que ele se decida a fechar o guarda-chuva.

☆ ☆ ☆

Quem é José Onofre?

Um missionário? Um Espírito superior? Um santo?

Nada disso.

É um homem comum, com suas fraquezas e imperfeições.

O que o distingue é o empenho em cumprir a orientação contida na questão nº 469, de "O Livro dos Espíritos", quando Allan Kardec pergunta:

> *"Como podemos neutralizar a influência dos maus Espíritos?"*

E vem a orientação incisiva:

> *"Praticando o bem e pondo em Deus a vossa confiança, repelireis a influência dos Espíritos inferiores e aniquilareis o império que desejam ter sobre vós".*

Simples, não?

Vamos abrir o nosso guarda-chuva?

FUROS NO GUARDA-CHUVA

Não há necessidade de longas dissertações em torno da questão nº 469.

Temos a definição do que é a prática do bem nos ensinamentos de Jesus.

Belos como a Poesia...

Profundos como a Verdade...

Sublimes como a Vida...

Sintetizam-se admiravelmente no capítulo sétimo, versículo doze, das anotações do evangelista Mateus:

"Tudo o que quiserdes que os homens vos façam, fazei-o assim também a eles."

Não há o que errar, nenhuma possibilidade de engano. Para exercitar o bem basta que nos coloquemos no lugar daqueles que estão diante de nós, seja o familiar, o amigo, o colega de serviço, o doente, o aflito, o desajustado, o infeliz, o desesperado, e nos perguntemos com a sinceridade dos que são honestos consigo mesmos:

-O que eu gostaria que fizessem por mim em tal situação?

☆ ☆ ☆

Quanto à confiança em Deus, não será difícil exercitá-la se guardarmos a certeza de que Ele é Nosso Pai, como ensina Jesus.

Imaginemos o mais sábio, justo, diligente e carinhoso de todos os pais da Terra e teremos apenas pálida idéia do Pai Celeste que nos conduz, segundo o salmista (Salmo XXIII), "pelas veredas retas da justiça por amor de Seu nome."

E destaca que mesmo que andássemos por um vale de sombras da morte não haveria motivos para temores, porque Ele está conosco.

Há expressões muito fortes sobre a imanência de Deus, que devem sinalizar nosso trânsito pelos caminhos do Mundo, para que nunca nos falte bom ânimo.

Proclama o apóstolo Paulo (Atos, 17;28):

"Em Deus vivemos e nos movemos..."

Essa convicção sustentava-o no árduo trabalho de disseminação dos princípios cristãos. E não o abalavam perseguições, apodos, zombarias, agressões, ameaças de morte, porque, conforme afirma na Epístola aos Romanos (8;31):

"Se Deus está conosco, quem estará contra nós?"

☆ ☆ ☆

O cuidado que nos compete em relação à questão nº 469 é saber se não há furos em nosso guarda-chuva, gerados por nossa inadequação aos princípios que o compõem.

De nada nos valerá a crença de que o Bem é invencível se permanecermos na inércia que nos sujeita às incursões do mal.

Pouco valerá proclamar nossa confiança em Deus se não fizermos por merecer que Ele confie em nós.

A adesão verbal aos princípios do Cristo será inútil se nosso comportamento revelar o contrário.

Por isso, antes de cogitarmos de nossa emancipação espiritual, antes que nos isentemos de influências malignas, é preciso que aprendamos a combater os grandes obsessores de nossa personalidade, "demônios" que segundo a Doutrina Espírita residem dentro de nós.

Chamam-se orgulho, vaidade, egoísmo, preguiça, prepotência, avareza, agressividade...

São eles que anestesiam nossa consciência, situando-nos em clima de indiferença pelos valores mais nobres.

São eles que anulam nossa capacidade de percepção quanto aos objetivos da Vida.

São eles que abrem as portas de nossa mente às incursões sinistras das sombras com suas promoções "infernais":

A angústia da obsessão simples...

As ilusões perigosas da fascinação...

As compulsões lamentáveis da subjugação...

Todo mal que nos aflige, portanto, infiltra-se pelo mal que cresce em nós quando nos distraímos dos objetivos da jornada humana e permitimos que os "demônios" interiores transformem em peneira o nosso guarda-chuva protetor.

QUEM SABE FAZ A HORA

Na oficina mecânica o operário interrompe o trabalho por instantes e diz, veemente, para si mesmo:

-Que é isso, rapaz! Toma jeito!

Surpreendido, um companheiro pergunta-lhe o porquê daquele inusitado comportamento.

-É para neutralizar maus pensamentos que me assaltam frequentemente. Quando dou um pito em mim mesmo ponho ordem na cabeça...

☆ ☆ ☆

Na praia, noite sem luar.

O turista solitário depara com um homem junto às águas. Ouve-lhe a voz que soa aflita, em ardente súplica:

-Jesus, sou miserável alcoólatra, dominado por uma tendência compulsiva. É como se seres malignos me atormentassem. Não consigo resistir. Por piedade, ajuda-me Senhor!...

Percebendo que há alguém por perto interrompe a oração.

-Perdoe a intromissão - desculpa-se o turista.

-Tudo bem, amigo. Eu apenas conversava com o Céu. Ando tão perturbado que não consigo concentrar o pensamento. Falando fica mais fácil...

☆ ☆ ☆

Na instituição assistencial, o visitante dirige-se ao entrevistador:

-Vim inscrever-me como voluntário para o albergue.

-Ótimo! Precisamos de ajuda. Gosta desse trabalho?

-Não sei dizer. É minha primeira experiência.

-Algum motivo especial?

-Um amigo curou-se de uma depressão trabalhando aqui. Tenho o mesmo mal...

☆ ☆ ☆

Passar pito em nós mesmos, orar de viva voz

ou servir num albergue seriam fórmulas ideais para superar maus pensamentos, tendências viciosas ou estados depressivos?

Impossível generalizar.

Cada caso é uma singularidade.

Cada pessoa tem suas peculiaridades.

Cada indivíduo ostenta sua maneira de ser, seus "demônios" interiores.

Imperioso, porém, ressaltar que as personagens das três historietas tentaram soluções, desenvolveram iniciativas, **mexeram-se**.

O que afeta as pessoas em geral e os obsidiados em particular é a tendência ao acomodamento. Habituam-se às próprias mazelas, mesmo quando têm conhecimento de que lhes são prejudiciais.

☆ ☆ ☆

"Prá não dizer que não falei de flores" é o grande sucesso do compositor Geraldo Vandré.

Pretendiam as autoridades militares, em plena ditadura, tratar-se de uma música subversiva.

De suas intenções somente o autor poderia dizer.

Ressalte-se que há na letra um estribilho que pode ser aplicado às situações difíceis de desajustes associados à obsessão:

"Vem, vamos embora que esperar não

é saber...

Quem sabe faz a hora, não espera acontecer."

Não há nenhuma sabedoria em esperar que o quadro de nossas perturbações se modifique, que poderes celestes interfiram, que ocorra um milagre, que se esgote o cálice de nossas amarguras.

É preciso que nos movimentemos, não deixando espaço para os "demônios" interiores.

É preciso mobilizar nossas potencialidades criadoras.

É preciso empenho de renovação, de crescimento espiritual, como o fazem aqueles que detêm o saber.

Ensina Jesus:

"O Reino de Deus está dentro de vós."

O inferno também.

Se não fizermos a hora do Céu o inferno vai acontecer.

OS LIVROS DO AUTOR

PARA VIVER A GRANDE MENSAGEM 1969
Crônicas e Histórias. Ênfase para o tema Mediunidade
Editora:FEB

TEMAS DE HOJE, PROBLEMAS DE SEMPRE 1973
Assuntos de atualidade
Editora: CORREIO FRATERNO DO ABC

A VOZ DO MONTE 1980
Comentários sobre "O Sermão da Montanha"
Editora: FEB

ATRAVESSANDO A RUA 1985
Histórias - Editora: IDE

EM BUSCA DO HOMEM NOVO 1986
Parceria com Sérgio Lourenço e Therezinha Oliveira
Comentários evangélicos
Editora: EME

ENDEREÇO CERTO **1987**
Histórias
Editora: IDE

QUEM TEM MEDO DA MORTE? **1987**
Noções sobre o processo da morte e temas correlatos
Editora: GRÁFICA SÃO JOÃO

A CONSTITUIÇÃO DIVINA **1988**
Comentários em torno de "As Leis Morais", 3a. parte de "O Livro dos Espíritos".
Editora: GRÁFICA SÃO JOÃO

UMA RAZÃO PARA VIVER **1989**
Iniciação espírita
Editora: GRÁFICA SÃO JOÃO

UM JEITO DE SER FELIZ **1990**
Comentários em torno de "Esperanças e Consolações", 4a. parte de "O Livro dos Espíritos"
Editora: GRÁFICA SÃO JOÃO

ENCONTROS E DESENCONTROS **1991**
Histórias
Editora: GRÁFICA SÃO JOÃO

QUEM TEM MEDO DOS ESPÍRITOS? **1992**
Comentários em torno de "Do Mundo Espírita e dos Espíritos", 2a. parte de "O Livro dos Espíritos"
Editora: GRÁFICA SÃO JOÃO

A FORÇA DAS IDÉIAS **1993**
Pinga-fogo literário sobre temas de atualidade
Editora: O CLARIM

QUEM TEM MEDO DA OBSESSÃO? **1993**
Estudo sobre os processos de influência espiritual
Editora: GRÁFICA SÃO JOÃO

Composição, Fotolito e Impressão:

Gráfica São João Ltda.

Rua Virgilio Malta, 12-51 - Fone (0142) 23-5333
Fax (0142) 23-5176 Cx. P. 436 - CEP 17015-220
Bauru - SP